TRANSFORMER VOTRE VIE

Le bonheur vous va si bien ...

Du même auteur
Édition : BoD

« RESSENTIR ET ENTENDRE
La voix qui nous guide »

TRANSFORMER VOTRE VIE

Le bonheur vous va si bien ...

Noémie PEZIN

© 2019, Noémie PEZIN

Éditions : BoD – Books on Demand,
12/14 rond-point des Champs-Élysées, 75008 Paris
Impression : BoD – Books on Demand, Norderstedt, Allemagne

ISBN : 978-2-322-10984-5

Dépôt légal : janvier 2019

PREFACE

Dans l'existence de chaque Être appartient une réalisation concrète de son chemin de vie.

Lorsque vous commencez à explorer votre Moi intérieur vous transformez votre nouvel état d'être pour vous accomplir autrement dans votre vie.

Créer votre idéal à chaque instant et la vie deviendra le flux magique de votre inconnu à vivre.

Pourquoi devrions-nous nous attacher aux schémas pré-inscrits pour nous réaliser pleinement ?

Je vous invite ici, dans cet ouvrage à comprendre comme il est bon de changer la vision et le mode de vie que nous menons.

Tout en profondeur, vous trouverez le cheminement que l'être peut accomplir sous différentes formes, en modifiant vos modes de fonctionnement et de pensée.

Se reconnecter à Soi, est essentiel pour conscientiser qu'il est important de vivre par la voie que vous inspire votre cœur. L'amour saura aussi réveiller l'être que vous êtes réellement grâce à une transformation votre vie sera celle que vous choisirez de vivre sans barrières et de cette manière vous accéderez à votre bonheur ...

Je vous apporte sous plusieurs aspects une façon de mieux comprendre cette vision du bien-être et du mieux vivre pour votre transformation. Ainsi des clefs s'offrent à vous pour œuvrer vers cet élan à chaque instant.

Il nous faut créer une vie positive et créatrice vers ce à quoi nous aspirons et nous la possédons tous en tant qu'Être.

PARTIE 1

Se recentrer intérieurement

LE SCÉNARIO DE VOTRE VIE

Le ciel et la terre, un décor qui vous est proposé chaque jour à votre réveil.
Le ciel changeant vers le flux du mouvement, vous offre une multitude d'aspect magnifique à contempler, la terre est de même en mouvement constant. Elle vous propose lors de ses différentes saisons un décor parsemé de magie à admirer tout autant.

Ainsi, vous pouvez visualiser votre vie avec cette vision. Chaque chose vécue à chaque instant est en perpétuel mouvement. L'entrain de votre vie est ainsi coloré par ces fluctuations.
Le rythme de vie que vous choisissez reflète donc le ton que vous souhaitez lui accorder. Mais en effet, il y a comme le temps des périodes difficiles...
Votre Être intérieur face aux difficultés que vous pourrez affronter et traverser, doit pouvoir trouver ses

ressources d'énergies positives en votre Moi profond. Il est important de comprendre que ce que vous vivez représente le produit de votre pensée.
Imaginez :
Le théâtre de votre vie représente la scène de différents décors accompagnés de divers personnages se mettant en action dans la lumière.
Nous pouvons en déduire qu'il est fort simple d'écrire le scénario de votre vie dès l'instant où vous serez prêt pour cela. Vous, Être du « je suis », devez non plus assister à la déferlante vie que le mental vous dicte. Vous avez accès par l'intention de votre Être au recentrage intérieur de votre scène de vie. Ainsi, lorsque votre intuition vous parle, il suffit simplement de la suivre puisqu'à cet instant ce sont vos aspirations profondes qui s'ouvrent à vous.
Vous choisirez votre vie vers ce qui vous correspond intérieurement. Chaque Être doit œuvrer pour accomplir une vie heureuse dans le bonheur et l'amour...
Ce scénario c'est vous qui l'écrivez ? Votre vie se construira par vos envies, vos désirs profonds, avec le cœur et l'intention qui vous y mettrez.
Parfois nous sommes attirés vers une existence qui semble irréalisable, de par nos peurs, nos anciens schémas de fonctionnement ou encore le regard d'autrui porté sur nous. Et nous abandonnons ce désir...
Ainsi, il est important aujourd'hui pour votre réalisation de vous diriger là où vous le souhaitez.

Comment aller vers ce à quoi vous aspirez dans votre vie ?
Le décor dans lequel vous vous êtes habitué à vivre et observer, regardez le. Qu'en est-il ?
Posez-vous ces questions ?
- *Mes pensées aspirent-elles à ce que je suis aujourd'hui ?*
- *Suis-je dans la bonne réalité de vie qui me comble de bonheur, de joie et d'amour ?*
- *Suis-je en accord avec mon Être et ce qui s'en dégage extérieurement ?*

À partir de ce questionnement, vous ressentirez diverses émotions liées aux réponses que vous y apportez.
Les émotions, voilà ce que cela évoque, une réalité certaine, dans la prise de conscience sur le chemin de votre vie et de votre Être.

Les sentiments et la prise de conscience de vivre pour ce que vous désirez créer dans votre réalité sont des énergies intérieures ressentis.
Vous possédez intérieurement ces énergies depuis toujours, il suffit de percevoir le potentiel de celles-ci. Grâce à ces vibrations énergétiques, vous pouvez discerner l'amour, la paix, la créativité en vous et bien d'autres émanations pour une vie magnifique à réaliser. Ainsi, vous contribuerez à vivre votre vrai Moi, dès lors que votre cœur sera le cerveau de vos actions.

LE COEUR - LA VIE – L'AMOUR

L'amour est un besoin essentiel dans la vie de chacun, vous êtes en possession de ce don que vous transmettez en chaque instant par la voie de votre cœur. De plus, l'amour contribue à un équilibre intérieur qui vous permet de véhiculé cet état de bien-être pour ainsi vivre dans l'harmonie, le bonheur en soi et de le transmettre inconditionnellement.

Être en accord vers ces aspirations qui résonnent en vous, vous portera dans le scénario de la vie que vous choisirez de jouer...

Le décor intérieur de votre Être est si puissant dans son énergie et sa lumière, qu'il est essentiel de se centrer avec cette vibration pour vous créer la vie qui vous est destinée.

Après ces réflexions, les actions liées à vos aspirations deviendront une réalisation positive dans l'évolution de votre vie. La résonance de l'amour que vous avez en vous en ressortira et vous guidera.

DÉPLOYEZ VOS AILES

Envolez-vous vers la paix, ne plus la chercher mais l'habiter pour la vivre au plus profond de votre Être. Un monde empli d'amour avec une âme en paix c'est ce vers quoi vous devez vous diriger.

Déployez vos ailes pour ne plus stagner et vous vivrez cet envol du bonheur qui ne doit pas être voilé. Ainsi, pour atteindre le bonheur il vous faudra lever les voiles assombrissant parfois votre réel état d'être.

Nous sommes cette magnifique essence divine créatrice de notre bonheur, de notre amour et équilibre. C'est pourquoi nous devons procéder à l'accomplissement de ce nouvel état d'être pour le maintenir dans l'ici et le maintenant.

À chaque instant, l'être connaît la source d'inspiration et de création dans sa réalité d'action. Pour ce faire, glissez dans la source pure de votre Être, qui vous guidera vers ce déploiement intérieur.

Vous devenez le créateur de votre réalité à tout moment par la pensée.

Comme un oiseau, vivez pleinement votre envol toujours plus haut. Prenez cette liberté, avec vos ressentis de la vivre en toute conscience vers un lieu qui appartient à la sérénité d'être.

Partager dans l'amour fait aussi partie d'un état de vision de la vie.
Comment pourriez-vous ne pas partager ce qui vous porte ?
Chaque Être possède sa propre conscience avec laquelle elle évolue tout le temps. L'évolution de celle-ci vous offre tellement intérieurement que votre vie en est rapidement changée et bouleversée.
Certains principes peuvent être totalement remis en question sur la manière de mettre en scène votre vie.
Par cette constatation, on observe bien que la vie est en perpétuel mouvement autant pour chacun d'entre nous que pour le corps de notre humanité.
Ces prises de conscience, génèrent ainsi des changements auprès de l'humanité ainsi qu'individuellement.

Apprenez à ressentir en vous, un sentiment de bien-être lorsque vous aspirez à vivre dans l'instant présent. Cela ne peut que vous guider intuitivement pour votre vie.
La manière d'accéder à une vie plus en paix sans

barrières se manifeste dès lors que vous ressentez l'émotion et votre cœur vibrer dans l'amour d'être et du partage.

« Être » intérieurement dans l'amour, la paix et la gratitude tout en projetant ce niveau de conscience vers la réalisation de votre vie avec ces mêmes ressentis, font partie de votre processus libérateur de changement de modes d'action dans votre vie.

Être hors de votre mental et simplement être dans la voie du cœur c'est à dire par définition le « *Soi supérieur* », apporte en chacun un niveau d'existence totalement différent de ce que vous considériez auparavant.

Ainsi, accéder à cet état vous permet en tant « Être », de voir, ressentir et d'accomplir votre vie avec de nouveaux schémas d'action.

Vous constaterez ainsi que vous ressentirez et agirez plus intuitivement quant à votre nouvelle manière de vous réaliser.

Pour se faire, la création positive de votre vie, celle que vous souhaitez aujourd'hui modifier, prendra de nouveaux horizons.

Dans sa progression, votre niveau de conscience évoluera progressivement à chaque instant. De ce fait vous grandissez aussi vers une vie qui correspond à votre niveau de conscience pour une existence qui ne sera que la représentation de vous-même, associé à vos ambitions d'une vie en lien à vos aspirations profondes.

Vos pensées, vos actions, votre manière d'aborder des discutions seront modifiées de part ce nouvel état d'Être. Transformer votre vie vous renvoie à être une nouvelle personne qui vivra avec une conscience plus évoluée, et qui sera différente de ce que vous choisissez d'être.

Au cours de votre évolution et de votre changement, les constatations sur le mieux-être que vous dégagerez et votre façon différente d'aborder la vie différemment vous porteront vers la voie de la création positive que vous souhaitez vivre.

Vous éprouverez le sentiment que rien n'est plus positif que de pouvoir amener et partager cette vision de la vie qui se trouve plus qu'inspirante à vivre. Grâce à votre prise de conscience, le désir de vouloir vivre et transformer votre vie vous amène à être cette « nouvelle personne » qui évoluera à chaque instant dans sa propre réalité de transformation et de création.

CRÉER VOTRE VIE

Nous sommes créateur de notre vie à chaque instant. Vivre avec la pleine conscience de votre potentiel reflète l'énergie créatrice qui circule en vous.
Il faut que vous portiez attention à ce que chaque Être crée sa propre histoire.
Comment créer la vôtre avec son plein potentiel ?

Tout d'abord, vous devez poser vos objectifs, ceux vers quoi vous aspirez.
En posant vos intentions vous créez une base de départ, elles doivent être centrés et émises par le ressenti de votre cœur.
Se fixer un objectif, un désir est pour chacun d'entre vous relié par une première pensée. Cette pensée, doit

vous amenez au stade où vous ressentez et visualisez que ce désir est déjà atteint.

Lorsque vous souhaitez améliorer le rythme de votre vie, il est essentiel de s'accomplir pour grandir à chaque instant vers toutes vos capacités et ainsi d'évoluer comme vous le pensez.

Le chemin de la vie est empli d'énergie qui vibre en chaque Être et en chaque élément qui nous entoure quotidiennement. Seul vous, pouvez ouvrir ce champs davantage en vous car tout est possible dans le cheminement de la création personnelle de votre vie.

En ces faits, vous pouvez maintenant ressentir comme il est bon et agréable de vivre vers des ambitions qui reflètent votre raison d'Être.

Vivez dans la lumière de votre Être, posez-vous en ressentant cet état de conscience lumineux en vous, ainsi vous saurez orienter vos objectifs de vie plus en accord avec vous même.

Peu importe le regard et l'appréciation que l'on peut porter à votre égard vous avancez pour révéler la magie qui est en vous.

Chaque Être ressent et sait ce qui peut le porter vers sa bonne direction existentielle. C'est pourquoi, créer la vie dont vous rêvez est à votre portée : ce potentiel est en vous, vous le possédez.

Comment l'activer ?

Je vous encourage à poser des actions dans votre processus de création de votre vie. Ainsi, ayant ce désir d'une vie emplie d'amour et d'ambitions, lors de vos actions vous émettrez des pensées et des émotions en liens à vos désirs, émanant des énergies qui vous dirigeront vers une même direction : *créer votre rêve, créer votre vie telle que vous l'imaginez intérieurement.*

Ainsi, dans cet élan d'amour et d'évolution, vous communiquerez l'inspiration de cet état autour de vous, qui apportera un regard différent sur la vision de la vie que vous souhaitez vivre et la manière de la transmettre.

TOUT EST POSSIBLE

Amenez l'impossibilité vers la possibilité de changer votre vie. Tout est possible d'Être et de Créer. Il suffit d'émettre avec votre conscience que cette possibilité est accessible dans votre réalité d'Être.

Le champ vibratoire que vous émettez par votre pensée émane de ces émotions la liberté d'Être dans l'action, qui se met en place pour matérialiser dans votre réalité toutes les possibilités de changer votre vie.

Ainsi, votre pensée, votre ressenti et ce que vous dites sont des énergies que vous projetez à l'extérieur de vous-même. C'est pourquoi l'impossible est possible. En vous connectant à ce champ, vous avez cette possibilité de créer une vie différente.

Par ces prises de conscience, vous intégrez de nouveaux modes de fonctionnement dans votre vie.

Vos comportements, vos pensées, vos croyances et vos émotions changent...

Vos comportements se trouvent modifiés. Considérez que chaque pensée émise construit votre réalité. Ainsi, vous bâtissez dans votre imagination votre nouvelle vision d'aujourd'hui et qui sera réelle dans votre créativité de demain, après-demain, dans un mois etc...

Ainsi, en observant les résultats de vos actions en lien avec celles-ci, tout est possible dès l'instant où elles sont changées. En cette prise de conscience, un nouveau système de croyance avec de nouveaux schémas que vous mettez en place ne peut que vous apportez que le résultat d'une vie nouvelle dans toute son expansion.

Vos émotions, le plaisir, la joie, l'amour, le ressenti et tout ce qui est en vous comme énergie de vie que vous appliquez sous la forme de l'émotion, créent diverses vibrations positives, vous propulsant vers l'optique de votre désir d'accomplissement. En ayant ces émotions positives, entrain d'amour en lien à vos nouvelles actions vous êtes aussi porté vers ce pouvoir créateur de votre vie.
C'est pourquoi, lorsque vos intentions sont en accord avec les émotions toutes les créations sont possibles !
Dans votre désir, votre force d'avancer et d'évoluer encore et encore vous construisez ainsi par la voie du cœur un chemin extraordinaire vers votre existence.

Par ces faits, en incluant ces différents aspects, vous grandissez, vous évoluez et êtes de plus en plus créatif à chaque instant afin d'accéder en ce champ de tous les possibles, pour prendre une nouvelle direction dans votre manière de vivre.

OUVRIR LA PORTE À VOTRE BONHEUR

L'amour quand il dort ne voit pas le voyage qui lui permet de percer son bonheur.
Permettez-vous de réveiller ce qui brûle en votre Être !
Telle la connexion à votre bonheur se forme en ouvrant la porte de l'amour...
Dès lors que vous désirez évoluer pour atteindre de nouveaux buts, vous devez assimiler cette notion.
Se transformer c'est aussi autoriser son cœur à accueillir les émotions qu'il nous offre. Par vos émotions émises du sentiment de vos croyances, vous créez votre nouvelle réalité. Partant de la projection de votre intention, celle de vouloir vivre dans le bonheur, vous envoyez une émotion possédant la même valeur

énergétique que cette état vous procure. Dès lors que vous vous accordez la croyance de votre désir au bonheur, votre Être ressentira toutes les émotions liées à cette intention pour enfin matérialiser dans votre vie ce besoin.

Le rayonnement, le bonheur et l'amour que vous souhaitez accueillir dans votre vie résonnent déjà en vous. N'est-ce-pas ?

Cette réalité engage la réussite de votre bonheur, comprenez que celui-ci, ne tient qu'à l'engouement que vous lui portez. Plus vous osez, plus vous voyagez vers l'optique de vivre dans cet état de conscience et plus vous avancerez en ce sens afin d'ouvrir les portes à votre bonheur.

Je vous offre cette vision afin que vous puissiez activer les situations appropriées pour atteindre le bonheur, la joie de vivre, l'amour en vous avec votre propre énergie et ressenti intérieur qui ainsi vous portera.

En voyageant vers cette direction votre état de conscience sera centré sur votre bonheur de vous transformez.

Par cette vision, vous activerez ce qui est essentiel à votre évolution.

Lorsque vous vous nourrissez intérieurement de pensées positives vous menant à vouloir créer le bonheur, la dynamique de votre Être change !

De ce fait, l'énergie que vous portez intérieurement fait ressortir votre véritable essence : votre Moi.

Dès lors que vous vibrez de cette lumière de joie, la

manifestation au bonheur et à l'amour pour votre vie explose !

Chers Êtres, recentrez
 vous pour ainsi poser vos actions en lien à vos aspirations profondes et transformer ce qui sommeillait en vous en un réveil lumineux de bonheur.

LA VALEUR DE VOTRE ÊTRE

Osez honorer la vie que vous avez...
Osez mettre en valeur votre désir d'avancer.
Et oui, vous possédez la capacité de créer votre réussite. Pourquoi ?
Intéressez-vous à ce qui vous ouvre le cœur, l'émotion que cela vous apporte.
Que votre attention se porte sur n'importe quelle option à mettre en place pour votre épanouissement, sachez que chaque instant vécu dans la gratitude y contribuera. Ainsi, pour la valeur que vous vous octroyez, réfléchissez à ce qui peut transformer, changer et améliorer le sens de votre vie. En imaginant d'une part, les valeurs que vous attribuez aux choses, aux lieux, à l'environnement qui vous entoure et aux

personnes que vous aimez, cela vous ouvrent aussi sur la réalité de cette vie et en ce qu'elle vous offre. De plus, notre terre mère, notre source vous transmet aussi toutes les possibilités d'épanouissement et de cheminement par diverses manières et ce en toutes synchronicités dans votre quotidien de vie.

Conscientisez cette chance, celle où vous avez aussi accès aux valeurs intérieures de votre Être, de votre Moi profond.
Dès lors que vous ouvrez votre conscience, tout pour vous est une source d'inspiration, de création, de partage, d'amour en toute gratitude qui sont des valeurs profondes que vous incarnez.
De plus, au travers de l'univers nous sommes l'unité de toutes ces valeurs associées les unes avec les autres. L'objectif étant d'aboutir à l'épanouissement multidimensionnel de chaque Être et de transmettre ainsi au cœur de notre humanité qu'il est possible de construire sa vie avec la projection de son véritable Moi et avec toutes ces valeurs associées.

Je vous propose de vivre au cœur de votre Être profond en y incluant ces valeurs que je vous soumets.
C'est pourquoi il vous faut honorer votre vie dans la confiance et l'amour du chemin que vous prenez en toute conscience. Ainsi vous transformerez ce qui a lieu d'être dans votre parcours.

LA BÉATITUDE EST EN VOUS

Profitez de la vie, de chaque instant, vivre dans la béatitude, l'amour sans limite. Invitez-vous à ne plus réfléchir avec votre mental dans votre évolution
profonde. Vivez simplement votre instant magique toujours illimité par votre cœur. Enfin, vous êtes libre et vous reconnaissez que vous l'êtes puisque votre conscience se développant vous guide en ce chemin.
De ce fait, intérieurement le processus de transformation se réalisant vous constatez ce qui vous emplit. La joie, le bonheur, cette présence lumineuse en vous, qui vous porte. Ainsi, dans cette infinité de vivre par votre pouvoir intérieur étincelant, vous possédez l'accès à votre TOUT, celui qui est présent en

tout temps et qui vibre. Il en résulte que tout est une question de ressenti, pour cette transformation profonde en vous-même et en votre vie. Ressentez l'immensité de qui vous êtes, votre pureté, votre moi, votre essence divine qui s'affine intérieurement, ainsi une béatitude complète vous anime.

Par cette voie, vous arriverez à comprendre que ce Tout vous conduit dans la direction la plus pure pour vous.

Tel est la manière de vivre votre épanouissement, dans le bonheur parfait de chaque instant et de ce fait vous ne choisissez plus de vivre avec la réflexion mentale. De cette manière, au fil du temps que vous évoluez vers un nouvel élan et coordonnez votre chemin en ce sens naturellement.

L'évolution que vous vivez et votre prise de conscience évoluant tellement intensément qu'il n'est pas concevable de ne pas l'accueillir et la vivre. Vous êtes au cœur de vous-même !

Votre essence pure voici simplement ce qui vous transforme.

Revenir en votre cœur, votre TOUT et observer que celui-ci est votre source de vie, que tout est là en vous et vous découvrez enfin ce qui est magique pour votre transformation à la vie.

COMPRENDRE VOTRE TRANSFORMATION

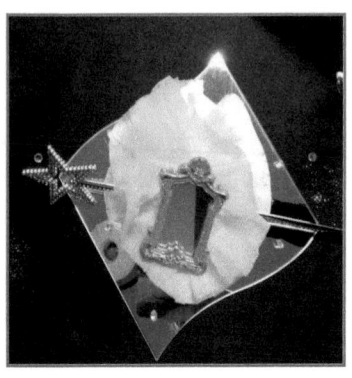

La paix inonde chacun de vos instants, et pourtant vous ressentez entre votre nouvel état d'Être et celui que vous aviez auparavant une différence.
Un décalage oui, celui qui vous montre ce qui est essentiel pour vous aujourd'hui : le bonheur, votre évolution et votre besoin d'exister par vos nouvelles prises de consciences.

Comment amener autrui à comprendre ce nouvel état dans lequel vous évoluez et changez ?
Il n'y a peut-être pas de réponse à offrir, simplement être qui vous êtes maintenant.
Il est vrai que cela est délicat et complexe dans la compréhension d'autrui. Observer des modifications de pensées, d'actions, de paroles ainsi que la manière d'appréhender les choses différemment n'est pas évident

pour tous à comprendre et admettre voir même à tolérer.

Aussi, cela pourrait vous frustrer de ne pas être compris ou comprise mais votre évolution intérieure est tellement éprise de bonheur à vivre que vous ne rentrez pas dans ce flux d'incompréhension que l'on pourrait vous faire transparaître. Vous vivez, évoluez autrement dans ce nouvel état de conscience qui se trouve être plus en accord avec vous même. Dans ce principe de vie, en cette vibration, vous le vivez profondément par désir de vivre par vos ressentis du cœur, en ce TOUT, qui vous guide et cheminez ainsi votre vie.

C'est pourquoi en cette voie emplie de justesse et d'amour, vous avancez en dehors des convictions qu'autrui souhaiterait vous voir comme toujours ils vous ont connu dans votre propre vie « d'avant ».

Comprenez bien que vous êtes aux yeux de l'extérieur une nouvelle personne. Intérieurement vous savez qui vous êtes, vous vivez sous une nouvelle dimension d'Être celle qui correspond à votre nouvelle qualité de vie...

Transformer votre vision repose aussi sur ce regard, sur l'appréciation de ce que vous reflétez de nouveau face aux autres n'étant pas aligné à cette même énergie !

Il s'agit donc d'amener auprès des vôtres une nouvelle compréhension lorsque vous êtes entrés dans cette

phase d'évolution et que vous ne pouvez plus refléter la personne « d'avant » puisque tout est différent.
Ainsi en les orientant vers le chemin d'une nouvelle connaissance s'ouvrira la clarté de leur esprit et ils pourront mieux appréhender votre transformation.

AVANCER C'EST SE RESPONSABILISER

Styliste de votre vie, un numéro très spécial que vous façonnez au gré du temps. Vous Êtes en pleine transformation de votre vie, vous bâtissez, créez, modelez votre destinée et ce, grâce à la foi. Celle que vous portez en vos croyances intérieures et ainsi vous êtes alignée en toute confiance par vous-même.

En cet élan, vous choisissez de vivre sans barrières vers l'ère qui vous porte au-devant de votre réalisation.
En vous projetant, votre conscience est déjà dans la dynamique de votre projection future. De ce fait, tout se

met en place dans votre esprit pour évoluer et accéder vers des actions qui sont en adéquation avec vos demandes et vos ressentis.

En cette résonance intérieure, plus vous penserez positivement à votre réussite et vos objectifs de vie, plus vos actions seront en liens avec toutes vos aspirations.

Ce choix de vie ou plutôt cette conviction que vous entretenez vous habite et ainsi cela coule de source puisque tout est là en vous, votre bonheur est toujours présent.

Vous comprenez déjà avec votre propre responsabilité que ce que vous construisez par étape dans votre vie vous amène aux résultats de vos actions. Dès cet instant, vous en tant qu'Être en quête de bonheur, de transformation et d'évolution, vous constatez que votre vie sera celle que vous actez. Par conséquent, être conscient de sa propre responsabilité d'Être prendra un tournant certain. Dans l'élaboration de votre cheminement, vous serez toujours acteur responsable de vos actes et irez droit au but pour accéder vers le toujours plus pour un épanouissement complet. Ceci dans l'amour que vous vous portez et engagez ainsi un tournant vous propulsant au cœur de votre Moi. En cet état d'amour profond, vous parvenez sans failles à déverser à l'extérieur l'expérience que vous souhaitez vivre pour votre propre vie et de le partager inconditionnellement.

Sachez qu'il est important d'apporter aussi autour de soi tout ce qui peut permettre à tous d'avancer.

Comprenez bien que la vie que vous parcouriez jusqu'à aujourd'hui reflète le miroir de vos actions, de vos choix, de vos gestes, et de vos engagements et ne sont pas à renier.

Il s'agit ici de votre parcours qui a son propre chemin dans son évolution tel qu'il soit. Maintenant, tout ce que vous mettez en œuvre dans votre nouvelle manière de conscientiser la vie prend aussi son sens pour votre transformation.

Ce chemin que vous choisissez de suivre vous apporte un réel changement positif ainsi les responsabilités que vous prenez seront toujours en phases avec votre Être. Avec votre projection certes différente vous assumerez toujours cette magnifique responsabilité d'agir en accord avec vos aspirations, vos ressentis qui représenteront à chaque instant votre vrai MOI, votre vrai JE.

Ainsi, vivre en étant en harmonie constante, vous permet de jouer le rôle de celui ou celle que vous avez toujours été et d'enfin vous permettre d'ouvrir votre plein potentiel, celui « du créateur responsable de sa propre vie ». Celle- ci se modifiant, considérez que vous êtes depuis toujours cette magnificence d'Être en constante évolution.

La projection en vous-même par ces faits constructifs, vous amène vers l'objectivité positive de vos actes qui vous font briller, avancer et grandir en toute confiance.

ÊTRE SOI

Vivre, oui soyez vous-même...
Dès lors que vous entrez dans votre unité, dans votre essence intérieure vous êtes automatiquement guidé intuitivement. Il s'agit du ressenti de votre soi qui ne vous trompera jamais !
Ainsi, se complaire à soi-même, représente l'énergie en vous qui vous traverse vous permettant de vivre en votre essence pure sans questionnement.
Être c'est aussi apprendre, à ne faire qu'un avec soi-même pour vivre dans la plénitude de l'amour complet, sans la manifestation d'un vide manquant. Ceci étant, un travail personnel pour vous sera à accomplir.
Ainsi, en cette zone de vide si elle a lieu ne doit pas être comblé dans le regard, la présence ou toutes autres

substituts extérieurs vous permettant de vous sentir entier et dans le mieux être
Comprenez que cela ne serait que le voile caché de vos souffrances ou manques aspirés chez autrui, qui nullement vous aidera à être vous-même dans votre entièreté. Je vous propose de trouver la force en vous, pour analyser ce vers quoi vous tendez afin d'être réellement vous-même.

Il ne faut nullement craindre de suivre votre cœur quelque soit ce qu'il vous transmet.
La vérité se portant au tréfonds de celui-ci, le chemin que vous emprunterez sera toujours celui qui vous sera voué.
En partant ainsi vers vos propres aspirations et ressentis intérieurs, chers Êtres vos blessures ne pourront plus vous atteindre de par votre transformation. L'amour en guérira leurs essences pour les transmuter vers la lumière de la guérison.

L'ÉQUILIBRE INTÉRIEUR

Suivre son cœur c'est se sentir tellement bien dans un état d'amour qui vous comble intérieurement.
N'est-il pas appréciable de ressentir et vivre ainsi à chaque instant du moment présent ?
Je vous sollicite à ne trouver aucune explication logique et raisonné à cela. Votre Être spirituel est Amour depuis toujours et cela se révèle à vous maintenant en raison de votre cheminement personnel. Comprenez vraiment que vous êtes certes dans le désir de transformer votre vie et vous même à un instant précis de celle-ci. Cette transformation, vous permet d'être dans un nouvel état de bien-être que vous ressentez intérieurement, une guidance par votre cœur vous appelle à vivre par vos ressentis et non plus par votre mental.

Celui-ci qui pouvait vous bloquer antérieurement dans vos prises de décisions en réagissant uniquement par la réflexion sans considérer ce que votre cœur vous appelait à vivre. Aujourd'hui vous choisissez d'écouter votre cœur, votre âme qui reflète réellement votre vrai Moi pour ainsi être en parfait équilibre intérieur et aligné en vous-même. Comme chaque Être, le moment de cette transformation arrive lorsque vous ressentez un désir profond d'avancer autrement. En cette avancé personnelle raisonne ce besoin d'équilibre intérieur résultant ainsi un équilibre extérieur de même pour vous.

La vie idéale que chacun cherche n'est donc pas à trouver mais bien entendu vous devez vous la créer par vous-même.

Le besoin d'équilibre que vous souhaitez trouver est accessible par votre propre pouvoir de vous apprécier, de vous écouter et de connaître qui réellement vous êtes et cela est ancré dans votre cœur. Comment ne pas suivre cette guidance intérieure ? Personne d'autre que votre propre Être connaît vos besoins primaires pour vous accomplir dans l'équilibre du votre cœur et âme...

PARTIE 2

Le développement de votre être par la pensée poétique de vote âme.

BRILLER COMME UNE FLEUR

À l'aube du printemps, les bourgeons des arbres et des fleurs commencent à se former...
Les feuilles de l'automne ont disparu pour enfin accueillir l'ouverture du printemps en plein éveil.

Vous pouvez ainsi comparer ce passage à celui dans lequel vous progressez et évoluez c'est à dire de vivre une nouvelle ouverture pour votre vie, avec un nouveau cycle ensoleillé pour vous même.

Comme cette fleur dont vous pouvez prendre soin, faites de même pour vous puisque vous êtes ce magnifique éclat de beauté. À chaque instant vous grandissez en un nouvel état d'Être au fil du temps et de la lumière que vous vous diffuser intérieurement.
Ainsi vivez ! Vivez l'éclosion de votre Être par ces différentes étapes de son évolution tout comme les fleurs grandissantes de la saison printanière.

En agissant ainsi, vous vous offrez de l'amour, de ce fait vous apprenez à ressentir le bien que cela vous procure.
En prenant le soin de comprendre qui vous êtes par la voie de votre cœur, votre chemin se construira en ce sens.

♦♦♦

La fleur évolue, vous évoluez tout comme celle-ci... Pour nourrir votre belle essence d'Être, vivez comme si le soleil ne se couchait jamais et brillez ainsi vers votre nouvelle ère

LE PAYSAGE DE VOTRE VIE

Le paysage des instants que vous vivez est dans la beauté de l'inspiration que vous lui donnez.
Soyez inspiré par la beauté de votre âme, elle vous communique tant de choses à exploiter pour ainsi vivre purement dans votre « moi » intérieur. Le ressenti de votre cœur vous oriente ainsi dans ce paysage magique de votre propre destinée.
Au plus profond de votre âme tout est inscrit pour être vécu, il vous suffit de l'écouter intérieurement...
Ainsi, en ressentant cela à l'intérieur de vous-même,

vous pouvez vous apporter une voie différente sur votre devenir.

Envie de beauté, un désir de vous offrir le paysage reflétant la vie qui vous inspire : osez prendre le chemin qui vous conduira vers votre nouvel optique de vie grâce à la voix de votre âme intérieure qui vous guide.

Le rêve est accessible il ne se trouve pas que dans l'imaginaire !

Alors, pour vous réaliser dans l'épanouissement, la joie de vivre, l'amour, rien n'est impossible...

Habiter ce désir celui où ce paysage ne reste pas imaginatif mais de le réaliser dans le concret afin de le vivre, en se basant dans l'intention de vouloir y accéder.

En votre conscience, dans la vision du cœur de votre âme vous accédez ainsi vers le chemin qui vous est destiné.

Ainsi, dans ce paysage de la vie qui vous est soufflé intérieurement vous découvrirez au fils du temps la magie de votre âme vous envoyant de magnifiques messages guidant vos pas...

Le paysage de votre vie sera réel et concret dès l'instant où vous entrerez dans la profondeur de votre être et d'en écouter ses messages.
La vie est ainsi guidé par le chemin de votre intériorité et de ce que celui-ci vous transmet.

LA MOUVANCE DE LA GUERISON

Dans la pureté de l'instant magique, la contemplation de votre vague d'émotion vous guide.

L'écume de la mer manifestée par la violence du vent peut être considérée comme vos propres mouvances intérieures remontant à la surface de votre Être.

Ainsi, vous pouvez ressentir ces manifestations dès lors que vous entrez dans la profondeur de votre être. Considérez ce lâcher-prise comme celui de vos blessures, vos chocs et vos blocages vers l'optique d'un accès à vos guérisons.

Vous intégrerez la mise en place d'une guérison profonde lorsque vous aurez mis en conscience les problématiques qu'il vous faudra nettoyer et guérir.

De ce fait, créez-vous une nouvelle vision de vie dans le but de la transformer et ainsi cela vous amènera à passer par différentes étapes purifiante des aspects et états négatifs de vous-même.
Vous pouvez accueillir pleinement ces émotions ressenties lors de votre recentrage intérieur, prenez les comme un cadeau libérateur pour votre bien-être.
Évacuez sans retenue dans l'amour, ces blessures, ces douleurs afin de les transmuter en vibrations positives.

Ainsi lors de votre cheminement passé, ces passages que vous avez pu vivre ou recevoir et vous ayant heurté intérieurement vous ont permis d'avancer finalement...
Pourquoi ? Comprenez que rien n'est hasard, tout ce qui se présente à vous est nécessaire à votre évolution et comprendrez son sens concret.
Lorsque la douleur vous traverse, vous l'accueilliez dans la bienveillance même si cela vous blesse. Il s'agit juste d'un appel à votre guérison que l'univers vous envoie manifestant des souffrances pour les transmuter à un instant précis de votre vie vers un autre plan. Vous pourriez trouver cela injuste, voyez le, concevez le tout autrement.

Chaque être traverse des périodes autant emplies de joie, d'amour et d'évolution que de moments compliqués, douloureux et dénués de compréhension en ces étapes oppressantes.

Vous avez décidé de transformer votre vie, cela est un signe positif. Pourquoi ?

Vous souhaitez vivre avec moins de mouvances, vivre dans un équilibre intérieur qui vous correspond en accord avec votre dessein de vie. Il en vient donc à comprendre que vous aspirez à vous diriger vers une nouvelle vibration en accord avec votre cœur, votre âme : la voie qui guérit les blessures, la voie qui engage vos réels désirs d'être en phase avec vous-même.

Cela signifie que vous choisissez de changer et que vous êtes prêt, prête, à écouter votre conscience supérieure et de changer les codes limitatifs que vous vous infligiez antérieurement.

♦♦♦

Accordez-vous cette guérison intérieure...
Votre être ressentira non plus les remous d'une écume en effervescence mais la plénitude de votre état d'être. Ressentez votre vie comme celle d'une mer d'huile où son horizon visuel est perçu si tranquille, apaisante …

LA SYMPHONIE DE VOTRE ÂME

Aimez ce que votre âme vous souffle comme le chant d'un oiseau vous murmurant à l'oreille cette douceur subtile que vous aussi chantez à chaque instant. Ainsi, en ces chants intérieurs résonne la volupté si délicate de vos mots, vos sourires, votre joie et votre amour de la vie.

    - « Toi, bel oiseau qui fait vibrer dans la symphonie de tes chants ce que chaque être perçoit et entend en son âme : la paix, la douceur, la liberté d'être ... ».

Apprivoisez ces sons émis par votre âme, comme ils sont si délicats et apaisants …

Dans le silence intérieur cela vous procurera une paix divine vous portant vers l'amour de vous accomplir par la voie de votre cœur et de votre âme qui n'attend qu'à éclore profondément en cette magnifique guidance.
Chaque être possède depuis toujours ce chant. Cela vous interpelle et vous apporte un chemin tracé d'amour tout simplement en écoutant votre désir profond de transformation.
Cet état d'être était déjà présent mais vous ne le connaissiez pas réellement puisque vous ne l'écoutiez pas ou peu avant votre prise de conscience d'être en votre propre unité intérieure.

Il est maintenant l'heure de vous écouter et d'entendre ce que la symphonie de votre âme vous communique. La qualité de ce filtre d'amour est présente pour enfin accepter ce qui est en vous depuis toujours. Votre mental dans la réflexion et l'analyse de vos comportements vous a empêché de suivre ce magnifique chemin inné qui fut enfoui dans vos profondeurs intérieures. Après ce temps, ces années passées à suivre le fonctionnement automatique par la raison, vous avez parcouru des étapes dans votre vie.
Ainsi celles-ci vous ont amenés vers des résultats tels que vous les souhaitiez en l'instant pour la réussite de votre vie. Sont-ils parvenus à être en adéquation avec votre résonance intérieure ou simplement réalisé dans

l'automatisme des schémas mentaux orchestrés que tout être suit par les conditionnements extérieurs dans lesquels nous vivons ?

Aucun jugement n'est présent pour vous dans l'évolution de vos actions, il est essentiel de le souligner. Tout être évolue en son ressenti et comprend en ses choix ceux qui ont été salutaires et guidés par la voix de leur âme et ceux qui furent conditionnés par le mental.

♦♦♦

Aujourd'hui, en comprenant ce qui peut vous apporter l'équilibre dans vos actions vous agirez plus facilement en harmonie avec ces chants de paix, de joie, d'amour et d'état d'être relié à votre unité intérieure.

En ces faits, tout être à ce pouvoir d'exister profondément en accord avec la symphonie de son âme. Il suffit d'accepter dans l'amour de vous-même qui vous êtes et comment vous choisissez de poursuivre votre chemin.

Dès lors que vous écouterez votre cœur et votre âme tout sera léger et équilibré pour vous accomplir pleinement.

LA CHALEUR INTÉRIEURE

Le soleil vous apaise, le soleil réchauffe votre être avec le vent si agréable frôlant votre peau en toute légèreté.
La vie est ainsi faite de douceur : vous pouvez atteindre cette manière de vivre grâce à votre nouvel état d'être de par la création de votre nouveau bonheur.
Le bonheur d'aller bien, cela est accessible par le rayonnement intérieur qui vous anime de lui-même. Ainsi, si vous souhaitez accéder aussi à un bonheur empli de chaleur intérieure, je vous suggère d'écouter

l'apaisement qui vibre en vous. Comme un soleil tel un orbe de lumière propulsant son énergie en vous, pour en dégager ensuite son essence pure de bienfaits afin de générer en votre être une transformation positive en accord avec votre cœur, votre âme. Voici l'accès à votre bonheur, les éléments qui peuvent vous guider sont en vous, seul vous y avez accès pour les activer. Des énergies si douces et chaudes à la fois présentes pour vous, vous donne la possibilité de choisir réellement votre transformation.

Écoutez et ressentez la chaleur intérieure qui vous guide et qui diffuse ce bel état de conscience au bonheur.

En y réfléchissant, vous brillez en votre être par l'énergie pure de l'amour que vous émanez.

♦♦♦

Vivre avec la vibration solaire intérieure reflète l'amour en vous - même qui se dégage spontanément afin d'apprivoiser votre bonheur dans les meilleures conditions énergétiques. En cette chaleur intérieure, votre âme vous guidera toujours pour accéder à des biens - faits apaisant vers l'accès de la transformation de votre vie à laquelle vous aspirez nouvellement.

L'AMOUR DE SOI – L'AMOUR DE L'AUTRE

Se transformer arrive au cours de votre parcours grâce à l'amour que vous avez en vous.

Le cœur empli d'émotions, vous ouvre les portes lors de l'éclosion de cet amour venant en votre être qui se réveille à vous pour ainsi vous apporter un bonheur provenant de l'intérieur .En cela, lorsque vous ouvrirez votre cœur, vous ressentirez lors de cette rencontre à vous-même une transformation tout aussi productive et complémentaire à votre bien être.

Voici une lumière étincelante qui réchauffe votre être, votre cœur, dans le regard, le sourire transportant ainsi votre âme dans un univers complaisant de bonheur.

Imaginez des scènes et des mots, à offrir et recevoir qui vous permettront de participer à votre processus de transformation.

L'amour vous permettra en cet état de bonheur de guider vos pas vers un chemin intérieur en votre âme qui saura vous communiquer ce qui est bon pour vous. Lors de votre développement personnel, vous participez à l'avancement de vous-même ce qui peut vous amener à ressentir lors d'une rencontre ce que le lien à l'autre vous procure en votre être. L'amour est un Tout qui circule en tout temps, la vibration qui émane de votre être saura vous guider pour donner et partager ces énergies autour de vous. Le lien qui vous lie à l'autre vous apportera un équilibre grâce à l'amour que vous vous portez et qui est présent afin de le transmettre dans sa plus belle composition.

Vos structures intérieures nouvellement modifiées par vos nouvelles notions d'apprivoiser la vie dans la manière d'offrir et de vivre, seront bénéfiques pour aborder le chemin de l'amour sous un angle différent en accord avec vous-même.

Vous, chers être de lumière, vous apprenez au fil du temps à vivre autrement en vue de vivre pleinement en accord avec votre dessein de vie et de votre cœur.

De ce fait, en vous-même vous comprendrez et saurez qui réellement vous êtes, que vous vous aimez tel que votre cœur vous le transmet et qu'il vous guide dans *l'amour de soi.*

La compréhension de vous-même vous aidera à accepter qui vous êtes dans votre profondeur ...

Quels que soient vos comportements, vous analyserez que même si vous qualifiez certains de vos agissements sur un ton négatif qu'ils n'en sont rien puisqu'ils participent toujours positivement à vous faire évoluer et grandir.

Comme vous revenez en vous, chers êtres vous remerciez en toute conscience les étapes dans lesquelles vous pouvez avoir été amené à traverser et d'en comprendre leurs sens. Vous êtes ce Tout, ce Tout unique incarné pour vivre dans la lumière du chemin qui vous est destiné et inscrit en votre âme.

En cet instant de compréhension vous savez que vous pouvez vous aimer et aimer l'autre grâce à votre lumière communicante en vous et ainsi en faire don autour de vous.

♦♦♦

En ces moments magiques de partage votre guidance intérieure sera toujours la plus à même à vous diriger là où votre être se sentira en parfaite adéquation avec votre âme. Le cœur étant connecté à votre essence dans l'amour qu'il vous communique, vous ressentirez votre bien être qui sera toujours présent à chaque instant plus intensément. Ainsi votre perception de l'amour en vous, vous permet de communiquer de par vos émotions et vibrations la bienfaisance de cet état et d'en faire bénéficier spontanément les personnes accueillant ce don par leurs propres voies du cœur avec gratitude.

LA COULEUR DE LA VIE

Quelle couleur préférez-vous ?
Quelle fleur préférez-vous ?
Quel paysage préférez-vous ?
Quelle saison préférez-vous ?

Vous pouvez répondre à ces questions certainement avec une ou plusieurs réponses à une même question. Cela s'explique sur un élément basé de votre ressenti intérieur correspondant à votre état d'être de l'instant.

Votre vie est parsemée de différentes couleurs, qui en certains jours seront plutôt teintées de couleurs vives ou en d'autres jours de couleurs plus ternes ...

Ainsi, en évaluant dans vos émotions vous pourrez vous centrer sur la manière d'atteindre un bien être toujours plus haut dans chaque journée passée. Puis vous serez surpris de constater l'évolution de votre transformation dans de petits mais productifs détails pour une vie remplie de couleurs diverses et variées en chaque journée écoulée.

Dans votre vie, si vous désirez avancer avec beauté et enthousiasme vers un état coloré d'amour et de joie de vivre, il vous faut arborer votre vie de challenge avec la conviction profonde que vous serez à votre place, là où votre cœur vous dicte d'aller.

Votre transformation, votre désir de vivre autrement se réalise avec une vision que dans votre vie tout peut être coloré par ce que vous souhaitez. Je vous invite à penser à rétablir en vous cette harmonie, vous guidant au cœur d'un bien-être appréciable quotidiennement.

Ainsi, en vous apportant toutes les possibilités de vivre dans une légèreté, une paix et une joie de vous accomplir autant intérieurement qu'extérieurement, vous vivrez votre vie arborée de couleurs dans un équilibre vous correspondant.

Chaque être doit ainsi vivre, pour atteindre un niveau de vie lui correspondant afin de générer une énergie puissante emplie de positivité et d'amour en lui.

La couleur de votre vie représente l'élévation, le ton que vous vous accordez à la teinter, qui en reflétera votre état d'esprit et votre amour de la vie pour ainsi vivre en accord avec la voix de votre cœur.
Le chemin vers lequel vous avancez s'affine à chaque instant en travaillant sur vous cela vous permet de vous accorder à la vibration de votre être et de vous sentir en parfait alignement avec votre cœur et les actions que vous menez.

♦♦♦

Les couleurs deviennent de plus en plus resplendissantes et vous évoluez avec ces énergies avec un mode de fonctionnement tout à fait idéal. De ce fait, en voyant votre transformation grandir, tout vous semble plus fluide et harmonieux pour ainsi comprendre qu'il est bon de choisir la voie de l'énergie et de la pensée positive dans le cœur de votre être.

* CONCLUSION *

Chers êtres, avec tout le cœur et la joie, je vous encourage à trouver votre chemin qui sera agrémenté d'éléments vous faisant échos et que vous ressentez comme une évidence. Ainsi, en ayant choisi de parcourir votre être intérieur afin de vous réaliser vers votre nouveau moi, vous saurez trouver les clés qui sont en vous pour cela.Au fil du temps un mieux-être se fera et vous vivrez naturellement en ce lieu comblé d'amour dans lequel, votre cœur guidera votre chemin. Tout en douceur, l'accomplissement de vos objectifs se mettra en place avec une nouvelle manière d'aborder la vie et de la vivre. Comprenez, que tout ce que vous souhaitez se réalisera et que tout ce que vous désirez propulser autour de vous se manifestera dans l'amour, la paix et la joie.

Chaque être possède un potentiel illimité, il suffit simplement de mettre tout en œuvre pour accéder à ce que chacun aspire à vivre dans sa vie.

Voyez-vous, il y a pour chacun un intérêt à trouver un équilibre dans sa propre vie ainsi vous qui choisissez de transformer votre dessein de vie, sachez que tout est relié à votre pouvoir intérieur. De ce fait celui-ci, manifestera vos changements, votre transformation et ce dans l'amour qui vibre à être présent en vous à chaque instant intérieurement et lors de vos réalisations.

Remerciements

Avec toute mon émotion, je remercie les personnes m'ayant apporté leur soutien, leur conseil et leur grand intérêt pour la réalisation de mon ouvrage. Plus particulièrement Estelle T, Ludivine D ainsi qu'Ingrid T qui ont su donner leur regard extérieur sur le contenu de l'ouvrage je vous transmets un grand merci.

Table des matières

Préface — page 7
Partie 1 — page 9
Se recentrer intérieurement

- **Le scénario de votre vie** — page 11

- **Le cœur – La vie – L'amour** — page 14

- **Déployer vos ailes** — page 15-

- **Créer votre vie** — page 19

- **Tout est possible** — page 22

- **Ouvrir la porte à votre bonheur** — page 25

- **La valeur de votre être** — page 28

- **La béatitude est en vous** — page 30

- **Comprendre votre transformation** — page 32

- **Avancer c'est se responsabiliser** — page 35

- Être soi   page 38

- L'équilibre intérieur   page 40

Partie 2   page 43
Le développement de votre être
    Par la pensée poétique de votre âme

- Briller comme une fleur   page 45

- Le paysage de votre vie   page 47

- La mouvance de la guérison   page 51

-La symphonie de votre âme   page 55

- La chaleur intérieure   page 59

- L'amour de soi – L'amour de l'autre   page 61

- La couleur de la vie   page 65

CONLUSION   page 69

REMERCIEMENTS   page 71

Crédits photographiques : Noémie Pezin